TEXTE COLLATIONNÉ

[illegible]ATIONS & [illegible]

[illegible]

(EDME-ISIDORE)

ANCIEN MAGISTRAT, DÉCÉDÉ A PARIS, LE 15 AVRIL 187[illegible]

PRÉCÉDÉ D'UNE

NOTICE BIOGRAPHIQ[illegible]

PAR M. VERROLLOT, AGRICULTEUR

SON PARENT ET AMI

ARCIS-SUR-AUBE

IMPRIMERIE LÉON FRÉMONT, LIBRAIRE, PLACE DE [illegible]

1876.

M. ROBEQUIN (Edme-Isidore)

Ancien Magistrat, décédé a Paris, le 15 Avril 1875.

TEXTE COLLATIONNÉ

DES

DONATIONS & TESTAMENT

DE M. ROBEQUIN

(EDME-ISIDORE)

ANCIEN MAGISTRAT, DÉCÉDÉ A PARIS, LE 15 AVRIL 1875

PRÉCÉDÉ D'UNE

NOTICE BIOGRAPHIQUE

PAR M. VERROLLOT, AGRICULTEUR

SON PARENT ET AMI.

ARCIS-SUR-AUBE

IMPRIMERIE LÉON FRÉMONT, LIBRAIRE, PLACE DE LA HALLE

1876.

NOTICE BIOGRAPHIQUE

Le quinze août 1875, est mort à Paris, remettant son âme entre les mains de Dieu, un homme de bien, dont les qualités du cœur et de l'esprit n'étaient égalées que par la modestie excessive qui fut la règle constante de sa conduite.

Le nom de M. Isidore ROBEQUIN, dont se souviennent les magistrats ses anciens collègues, est peu connu en dehors du canton où il est né, et des communes auxquelles il a dispensé ses libéralités ; il doit, cependant, lorsque l'œuvre qui le rappelle sera appréciée, prendre place auprès de ceux des philantropes éminents, et des bienfaiteurs éclairés des classes pauvres.

Ne s'appliquant qu'à quelques communes rurales, les fondations établies par cet homme d'une charité prévoyante, ont une importance relative plus grande que celles faites par M. de Monthyon, qui semble avoir été l'inspirateur et le modèle de l'ancien magistrat, dont nous allons esquisser la Biographie, exposer et apprécier les œuvres philantropiques.

M. Edme-Isidore Robequin naquit au village de Marcilly-sur-Seine (Marne), le 13 mai 1790.

Son père et sa mère appartenaient à cette estimable bourgeoisie des campagnes, propriétaire du sol qu'elle exploite, et chez laquelle se conservent intacts, cet esprit d'ordre éclairé, ce travail intelligent, ces sentiments d'honneur et de probité, qui constituent sa force et son influence.

La famille était nombreuse, aussi, lorsque la Restauration eut privé, à cause de ses opinions politiques, le chef de famille de la place de Sous-Inspecteur des Eaux-et-Forêts qu'il occupait, il fallut au jeune Isidore, pour la continuation de ses études, adopter ces habitudes de stricte économie, de parcimonie même et d'épargne incessante qui ne le quittèrent plus, qui, dès ce moment, lui permirent de suivre les sentiments de son cœur, et, dans la limite de ses moyens, de venir en aide à de moins favorisés que lui-même.

Doué d'un esprit vif et droit, d'une grande intelligence secondée par un amour sérieux du travail et par une émulation persévérante, il fit de brillantes études et se constitua bientôt le maître de ses frères plus jeunes que lui, aussi leurs correspondances, qu'il a conservées, témoignent-elles de leur déférence vis-à-vis de lui, et des fréquents appels qu'ils ne craignaient pas d'adresser à son jugement, à son cœur et à son désintéressement.

Il aimait à professer, et, lorsqu'il vint à Paris pour faire ses études de droit, il accepta sans hésiter, tant par goût que comme moyen d'augmenter ses ressources et de pouvoir faire plus de bien, une position de précepteur dans une grande famille, position dans laquelle il sût s'attirer l'estime et la considération, autant par le succès qu'il obtint que par la dignité qu'il sut conserver.

Toujours il eut sous les yeux les préceptes de son aïeule maternelle qui l'avait élevé, femme de mérite, veuve d'un magistrat, et dont les lettres qu'il relisait souvent, respirent la plus vive affection et l'intérêt le plus éclairé.

Dans l'une on la voit lui recommander, d'être « *prévenant et soumis avec les per-* « *sonnes plus élevées que toi, honnête et* « *humain avec ceux auxquels tu peux être* « *utile.* »

Dans une autre, elle lui dit : « *Que la* « *morale, l'honneur et la probité soient la*

« *règle de ta conduite, il ne suffit pas d'être* « *un honnête homme, il faut encore être un* « *homme honnête.* »

Semences tombées en terre fertile ! Préceptes qui, pendant toute sa vie, guidèrent la conduite de son petit-fils !

Ses études de droit terminées, M. Isidore Robequin obtint avec distinction le grade de licencié en droit, et dans quatre de ses examens, il reçut les éloges de ses examinateurs.

Aussi, il entra, en 1830, dans la magistrature, sans passer par la suppléance, et fut nommé juge au Tribunal de première instance d'Arcis-sur-Aube (Aube), où il remplit fort longtemps les fonctions de Juge d'instruction.

De là, par un avancement qui, comme lui écrit un de ses collègues[1], n'était « *qu'une* « *religieuse observation des services et des* « *droits,* » il vint siéger à Auxerre (Yonne), puis enfin à Reims (Marne), où il demanda sa retraite en 1853.

Sa santé s'était un peu altérée, et sa conscience ne lui permit pas de conserver des fonctions auxquelles il croyait ne pas apporter tout le soin qu'elles exigent. Aussi, en se retirant, il put dire comme un administrateur éminent[2] : « *Si dans les trois Départements* « *que j'ai servis, il est une seule personne qui*

1. M. Cadet de Gassicourt, alors procureur du roi à Troyes.

2. M. de Monthyon, Mémoire à Louis XVI.

« *puisse articuler la moindre injustice qui*
« *procède de moi... je consens à perdre la*
« *vie, mes biens et l'honneur.* »

M. Isidore Robequin quitta la magistrature emportant les regrets de ses collègues et du barreau, qui se sont plu à lui en adresser le témoignage, dans de nombreuses lettres, trop élogieuses pour être citées.

Retiré à Paris, dans le quartier latin qu'il avait longtemps habité, il continua la vie studieuse qu'il avait toujours menée, et les cours du Collége de France le comptèrent, pendant bien des années, parmi l'un des auditeurs assidus.

Il ne modifia jamais ses habitudes de dépenses personnelles, autant restreintes que possible, aussi l'aisance, la richesse même, que lui apportèrent successivement divers héritages, lui permirent-elles de réaliser, chaque année, une épargne considérable, dont il prit toujours soin de dissimuler l'existence, ainsi que l'emploi charitable qu'il en faisait[1] et en voulait faire.

Econome jusqu'à paraître avare, c'est depuis quelques années seulement, et surtout depuis sa mort, que l'on comprend les motifs qui le faisaient agir.

1. M. Robequin avait conservé des relations avec des ecclésiastiques et des instituteurs, par l'intermédiaire desquels, et sous l'anonymat, il subvenait à des frais d'apprentissage, de pensions, et faisait parvenir des dons manuels.

Il se montra avare de son bien, parce qu'il voulait en faire, dans le canton où il est né, le patrimoine de l'instruction des enfants pauvres et des serviteurs honnêtes, parce qu'il voulait récompenser les instituteurs éclairés et méritants, encourager la vertu, et procurer à des aveugles pauvres tous les avantages de la science et de la charité.

Les dernières années de la vie de M. Isidore Robequin ont été consacrées à l'étude des diverses fondations qu'il se proposait d'établir, et après quelques essais partiels[1] qui lui parurent concluants, à combiner sa fortune de manière à réaliser cet ensemble de fondations perpétuelles qui constituent l'œuvre « *pensée et consolation de toute sa vie*[2] » dont nous allons sommairement exposer le but et l'importance.

Par des dispositions entre-vifs et testamentaires, M. Isidore Robequin a donné au Ministère de l'instruction publique, réprésentant l'Etat, puis au département de la Marne et à la commune de Saint-Just

1. Ces essais attirèrent l'attention de Son Excellence le Ministre de l'Instruction publique, qui conféra à M. Robequin le titre honorifique d'officier d'académie.

2. Prévoyant le cas où il viendrait à décéder avant son père (mort en 1841), dont la réserve légale aurait modifié ses dispositions testamentaires, M. Robequin avait amené son père à renoncer au bénéfice de cette réserve.

(Marne), des biens meubles et immeubles, produisant des revenus annuels dont l'ensemble s'élève à la somme de 16,500 fr. environ.

Les conditions de ces libéralités sont :

1re Fondation. — *17 Octobre 1868.*

Un concours annuel entre les jeunes garçons *pauvres* des treize villages qui sont désignés.

Distribution : 1° de quatre prix, 800 fr., 200 fr., 25 fr. et 20 fr.

2° de 130 fr. pour frais de voyage entre tous les concurrents sans distinction.

En totalité 1,110 fr. environ chaque année.

2e Fondation. — *17 Octobre 1868.*

Un concours annuel entre les jeunes filles *pauvres* de l'école cemmunale de la ville d'Anglure (Marne). Prix unique : 100 fr.

3e Fondation. — *17 Octobre 1868.*

Un Prix d'excellence, donné tous les cinq ans à l'instituteur le plus méritant des cinquante communes qui sont désignées :

Prix unique : 1,300 fr. environ tous les cinq ans.

4e FONDATION. — *21 Avril 1871.*

Prix quinquennaux distribués, par ordre de mérite, aux instituteurs des vingt-huit communes qui sont désignées.

Huit prix allant de 3,000 à 300 fr. — En totalité 7,000 fr. environ.

5e FONDATION. — *21 Avril 1871.*

Un concours quinquennal entre les élèves des instituteurs des vingt-huit communes qui sont désignées.

Distribution de onze prix allant de 300 à 14 fr. — En totalité 804 fr. tous les cinq ans.

6e FONDATION. — *2 Juin 1875.*

Un Concours annuel pouvant être réuni à celui de la première fondation, entre les jeunes garçons *pauvres* des écoles des treize villages qui sont désignés.

Distribution : 1° de six prix qui seront généralement de 7,500 fr. environ, 2,500, puis 300, 160, 140 et 100 fr.

2° de 200 fr., pour frais de voyage, entre tous les concurrents sans exception.

En totalité, 10,900 fr. chaque année.

7e Fondation. — *2 Juin 1875.*

Placement à l'institution des jeunes aveugles à Paris d'un *aveugle pauvre*, né dans l'un des seize villages qui sont désignés. — Dépense 1,000 fr. par an.

8e Fondation. — *2 Juin 1875.*

Entretien, pendant tout le temps de ses études, secondaires et supérieures, d'un jeune garçon *pauvre*, doué d'une intelligence exceptionnelle, appartenant à l'un des quinze villages qui sont désignés. — Dépense, 2,500 fr. environ par an.

9e Fondation. — *13 Juin 1875.*

Etablissement et entretien d'une bibliothèque communale à Saint-Just (Marne). — Dépense,125 fr. par an.

10e Fondation. — *13 Juin 1875.*

Un concours quinquennal entre les garçons laboureurs et valets de ferme *pauvres*, nés dans l'un des dix-sept villages qui sont désignés.

Neuf prix allant de 1,400 à 100 fr.

En totalité, 5,000 fr. tous les cinq ans.

Telle est l'œuvre qui survit à M. Isidore Robequin, et dont une partie déjà sanctionnée par l'administration supérieure, va très prochainement recevoir son exécution, mais dont la réalisation complète dépend encore de l'accomplissement de nombreuses formalités.

Œuvre, dans les dispositions de laquelle on retrouve les sentiments de délicatesse, de dignité et de respect de soi-même qui toujours inspirèrent M. Isidore Robequin, et furent les traits saillants de sa nature.

S'il vient en aide à l'enfant pauvre, il veut le faire sans l'humilier, et veut, au contraire le relever à ses propres yeux, en faisant naître en lui la fierté légitime que donne une récompense méritée.

Œuvre, qui consacre à l'amélioration morale et matérielle des enfants *pauvres* de quelques villages un revenu annuel de 16,500 fr. environ, et qui peut se résumer en deux mots : *instruire* pour *moraliser*.

Sa longue carrière de magistrat et ses études économiques, lui avaient démontré l'influence de l'instruction sur les classes pauvres de la société au point de vue du développement de leurs aptitudes et de la moralisation de leur travail ; c'est pourquoi il s'adresse aux enfants de ses concitoyens pauvres et leur dit :

Travaillez, instruisez-vous, vous serez récompensés.

Travaillez, développez vos aptitudes, vous serez récompensés.

Travaillez, et, si vous le méritez, les portes de la science s'ouvriront devant vous, telle est ma volonté.

Travaillez, soyez honnêtes, vous arriverez à la fortune, aux honneurs, aux dignités.

Travaillez, car le travail est la loi de l'humanité, c'est par lui et par lui seul qu'elle existe et se maintient, c'est à lui seul qu'elle doit le bien-être dont la possession est le but constant de toutes ses actions et de tous ses efforts.

Travaillez, car chacun jouit ici du fruit de ses travaux, et soyez certains que l'aisance, presque toujours, la richesse souvent, appartiennent aujourd'hui à ceux qui par leur moralité, leurs efforts et leurs services savent s'en rendre dignes.

Sachez que la rémunération du travail reste toujours, quoiqu'on puisse dire, équitablement proportionnée à la condition de l'individu, et si elle semble inégale, c'est que l'inégalité des conditions, c'est-à-dire l'inégalité des aptitudes, au moral comme au physique, est la loi naturelle et témoigne des desseins immuables de la Providence, qui répartit ainsi, entre les membres de la société, les diverses tâches, aussi nombreuses que variées, devenues nécessaires à ses besoins et indispensables à son existence.

C'est l'inégalité des conditions qui établit la hiérarchie des facultés et des forces, sans laquelle la civilisation disparaîtrait, et qui impose à l'humanité ce qui est son caractère distinctif, et ce qu'elle a de plus respectable, la *Sociabilité*.

Parfois, sans doute, cette inégalité des conditions est due à des priviléges arbitrairement établis, à ce que certains êtres viennent au monde avec des instincts pervers, ou se développent dans un milieu déplorable, à ce que certains autres apportent en naissant un esprit faible et un corps débile, une constitution infirme, mais ce sont là des exceptions, presque toujours conséquences logiques de faits antérieurs plutôt que bizarries de la nature, et manifestation de l'injustice et du hasard.

Misères, éternellement attachées au flanc de l'humanité, que la société déplore et cherche par des efforts incessants à prévenir et à atténuer ; au soulagement desquelles, ont consacré leur vie et le fruit de leurs travaux, ces hommes éminents que la reconnaissance publique appelle les bienfaiteurs de l'humanité.

Admirable phalange de jour en jour plus nombreuse, à laquelle M. Isidore Robequin appartient par sa vie et par ses œuvres, qui bientôt judicieusement appliquées et sagement appréciées, lui mériteront l'estime de ses concitoyens, et perpétueront un nom vénéré parmi les futures générations du canton où il est né.

La Société a le plus grand intérêt à développer chez chacun de ses membres, les aptitudes et la moralité, à leur inculquer le sentiment de leur responsabilité vis-à-vis d'elle et vis-à-vis d'eux-mêmes, à leur apprendre ainsi à faire de leur libre arbitre un emploi intelligent et judicieux ; mais l'œuvre est immense, et si chaque jour elle progresse et s'étend, elle le doit avant tout au développement de l'instruction.

C'est donc un concours précieux et puissant que vient lui apporter M. Isidore Robequin, aussi doit-on espérer que, scrupuleusement respectées, ses volontés réaliseront ses intentions, et que son œuvre devenue féconde, trouvera, selon ses vœux, de généreux imitateurs.

DONATION DU 17 OCTOBRE 1868

Par-devant Me Emile VARLET, notaire à Saint-Just, canton d'Anglure (Marne), soussigné,

En présence des témoins ci-après nommés et aussi soussignés,

A comparu :

M. Edme-Isidore ROBEQUIN, juge retraité, demeurant à Paris, rue Malebranche, n° 5,

Lequel a, par ces présentes, fait donation entre vifs,

AU MINISTÈRE DE L'INSTRUCTION PUBLIQUE, représentant l'Etat,

Sauf acceptation ultérieure lorsque l'autorisation nécessaire sera obtenue,

Des biens immeubles lui appartenant en toute propriété sur les territoires de : 1° Romilly-sur-Seine ; 2° Périgny-la-Rose ; 3° la Villeneuve (Aube) ; 4° Conflans ; 5° Lurey ; 6° Esclavolles ; 7° Potangis (Marne) ; 8° et d'une parcelle sur Villiers-aux-Corneilles (Marne).

Les immeubles, présentement donnés, consistent en vingt-six hectares dix-neuf ares un centiare, savoir :

DÉSIGNATION.

Finage de Romilly.

1° Trente-un ares soixante-cinq centiares de pré, lieudit Moitié-Lacelle, tenant du levant au canal, du midi à Mme Ve Tricoche.

2° Seize ares quarante centiares de pré, même lieudit, tenant du levant à Mme Ve Paul d'Heurle, du couchant à M. Louis Tricoche, du nord à Mme Thuillot.

3° Cinq ares quatre-vingt-dix centiares de pré, même lieu, tenant du levant et du couchant à M. Hubert, du midi aux héritiers Edme d'Heurle, du nord à Bonaventure Lacour.

Finage de Périgny.

4° Quinze ares quatre-vingt-quinze centiares de terre, lieudit aux Mottes, tenant du levant à Charles Vincent, du couchant à Léon Garnier, du midi aux communes et du nord au chemin de Périgny à la Villeneuve.

5° Trente ares soixante-douze centiares de terre, lieudit la Croix, tenant du levant au chemin de la Fontaine, du couchant au chemin de Périgny, du midi à M. Poictevin et du nord au chemin aux Bœufs.

6° Dix-neuf ares trente-sept centiares de terre, lieudit le Rouillis, tenant du levant à Forgeot, du couchant à plusieurs, du midi à Verrier et du nord à Gombault aîné.

7° Trente-trois ares soixante-dix-sept centiares de terre, lieudit la Pièce-de-Villiers ou Peupliers-en-Tête, tenant du levant à Gennerat, du couchant aux héritiers Hu, du midi à la ferme de Nuisement et du nord à plusieurs.

8° Dix ares cinquante-cinq centiares de terre, lieudit la Croix ou les Grèves, tenant du levant au chemin de la Fontaine, du couchant au chemin, du midi à Mme Mathieu et du nord à M. Charpy.

9° Huit ares deux centiares de pré, lieu dit le Rouilly, tenant du levant à Juchat, du couchant à Mme Demeufve, du nord au ruisseau et du midi à plusieurs.

10° Quatorze ares trente-cinq centiares de terre, lieudit la Montelouise, tenant du levant à M. Voisin, du couchant à M. Demeufve, du midi et du nord au co-partageant.

11° Treize ares soixante-cinq centiares de terre, lieudit Breuille, tenant du levant à Joseph Fournier, du couchant à Gennerat, du midi à M. Champenois et du nord à Verrier.

Finage de la Villeneuve-au-Châtelot.

12° Quarante-neuf ares quatre-vingt-un centiares de terre, lieudit le Pont-d'Aube, tenant du levant au chemin, du couchant à M. Poictevin, du midi à Nicolas Carreau et du nord à M. Robequin.

13° Trente-un ares quatre-vingt-six centiares de terre, lieudit la Loge, tenant du couchant à Degois, du midi à Alphonse Jacquemart et du nord à M. Fosseyeux-Hu.

14° Quatre-vingt-quatre ares quarante-deux centiares de terre, lieu dit le Petit-haut-du-Fresne, tenant du levant à M. Jourdain, du midi à plusieurs et du nord à Gennerat.

Finage de Conflans-sur-Seine.

15° Quatre ares soixante-quatre centiares de terre, lieudit la Pièce-de-Vingt, indivis avec M. Simonnot, charron.

16° Quatre ares soixante-quatre centiares de terre, au même lieu, tenant du levant aux héritiers Thénard, du couchant à Charles Ponsard, du midi aux bois d'en haut et du nord à M. Fosseyeux.

17° Même contenance de terre, lieudit la Pièce-de-Trente, indivis avec Benjamin Gauroy.

18° Quarante-cinq ares seize centiares de terre, lieudit le Closeau, tenant du levant à plusieurs, du couchant au chemin du port et par hache à M. Allais-Séverin et du nord à plusieurs.

19° Vingt-quatre ares cinquante centiares de pré, lieudit les Sablons, tenant du levant à Demeufve-Payen, du midi aux eaux Saint-Marc et du nord à Seraine-Millet.

20° Quatre ares neuf centiares de terre, lieudit l'Ile, tenant du levant à Hippolyte Demeufve, du couchant à Auguste Chambrion.

21° Onze ares quatre-vingt-deux centiares de terre, même lieu, tenant du couchant à Etienne Rebours, du midi à la Seine et du nord à la route.

22° Neuf ares trente-six centiares de terre, même lieu, tenant du levant à Benjamin Gauroy, du couchant à Millet, du midi à la Seine et du nord au chemin de Marcilly.

23° Vingt-deux ares trente centiares de terre, lieudit Bécheret, tenant du levant à un heurt, du couchant au chemin de Villiers, du midi à la route.

24° Quatre-vingt-six ares soixante-treize centiares de terre, lieu dit Mouillecul, tenant du levant et du nord aux communes et du couchant à plusieurs.

25° Cinq ares six centiares de terre, lieudit l'Ile, tenant du couchant aux héritiers Simonnot, du midi au chemin de l'Ile, du nord au chemin de Marcilly.

26° Huit ares deux centiares de terre, lieudit les Pâtures-Grasses, tenant du couchant aux héritiers Thénard, du midi à Théodore Millet.

26° *bis*. Dix-huit ares soixante-dix centiares de terre, lieudit le Trou-de-Bécheret, tenant du levant à plusieurs, du couchant au ruisseau et du nord à la route.

27° Douze ares cinquante-trois centiares de terre, lieudit les Pâtures-Grasses, tenant du levant aux héritiers Payen-Ray, du couchant aux héritiers Hilaire-Vassard, du midi à M. Etienne Rebours et du nord à la berge.

Finage de Lurey.

28° Un hectare trente-un ares neuf centiares de terre, lieu dit la Prée, tenant du levant au fossé de séparation, du couchant à M. Alais-Godot, du midi aux héritiers Robequin et du nord à Auguste Payen.

29° Cinquante-six ares trente-trois centiares de terre, lieudit le Bas-de-l'Etang, tenant du levant au ruisseau, du couchant à plusieurs, du midi aux mineurs Roblin et du nord aux héritiers Véry.

30° Trente-quatre ares soixante-un centiares de terre, lieudit la Pièce de Onze, tenant du levant au co-partageant, du couchant aux héritiers Véry, du midi à plusieurs et du nord à M. Bouté.

31° Quatorze ares quatre-vingt-dix centiares de terre, lieudit le Bas-de-l'Etang, tenant du levant au ruisseau, du couchant à plusieurs, du midi à Benjamin Thierry et du nord à Vinot.

32° Un hectare trente-quatre ares trente-sept centiares de terre, lieudit le Bas-de-l'Etang, tenant du levant au ruisseau, du couchant à plusieurs, du midi à M. Lauxerrois et du nord aux héritiers Robequin.

33° Vingt-un ares dix centiares de terre, lieudit la Pièce-de-Bécheret, tenant du levant aux héritiers Florot, du couchant aux héritiers Jeanson, du midi aux communes et du nord à la route.

34° Quarante-neuf ares quarante centiares de terre, près la maison des Eaux, lieudit la Prée, tenant du levant et du couchant au co-partageant et du nord à plusieurs.

35° Dix-neuf ares quatre-vingt-quatre centiares de terre, lieudit le Chardonneret, tenant du levant au chemin de Bethon, du couchant à M. Marcel Séverin, du midi à M. Boucher et du nord à M. Tuaut.

36° Vingt-deux ares trente-sept centiares de terre, même lieudit, tenant du levant à M. Pilavoine, du couchant à M. Payen, du midi à Fanielle et du nord à la pièce de Trente.

37° Cinquante-trois ares soixante centiares de terre, lieudit la Pièce-de-Onze, tenant du levant à Huot, du couchant au co-partageant, du midi et du nord à plusieurs.

38° Quarante-deux ares vingt-et-un centiares de terre, lieudit le Saussois, tenant du levant à plusieurs, du couchant à la route de Bethon, du midi et du nord à M. Tuaut.

39° Trente-trois ares quarante-trois centiares de terre, lieudit le Pré Gabriel, tenant du levant à Faitre, du couchant à Jeanson, du midi à plusieurs et du nord aux communes.

40° Seize ares quarante-six centiares de terre, lieudit la Tournelle, tenant du levant à M. Séverin, du couchant et du nord à la route, et du midi à M. Boucher.

41° Un hectare cinq ares cinquante-deux centiares de terre, près le Perrey, tenant du levant au fossé de décharge, du couchant au vieux chemin de Bethon, du midi à Juchat et du nord à Fourrier.

42° Vingt-cinq ares quatre-vingt-dix-sept centiares de terre, près les écuries du Perrey, tenant du levant au fossé dè décharge, du couchant à M. Payen et du midi à M. Boucher.

43° Cinquante ares quarante-deux centiares de terre, lieudit la Prée, près la maison des Eaux, tenant du levant à Fanielle, du couchant aux héritiers Robequin, du midi au chemin de Pont et du nord au ruisseau.

44° Trente-neuf ares quatre-vingts centiares de terre, lieudit la Prée ou la Noue-Vallon, tenant du levant aux héritiers Rémond, du couchant à Parisot et du midi à M. Payen.

Finage d'Esclavolles.

45° Vingt ares trente-sept centiares de terre, lieudit le Haut-du-Pil-Blanc, tenant du levant à Claude Forgeot, du couchant à M. Pilavoine, du midi à M. Hubert Quin, du nord à M. Lauxerrois.

46° Vingt-un ares soixante-trois centiares de terre, lieudit le Haut-de-Villery, tenant du levant et du couchant à Benjamin Thierry, du midi au petit chemin de Périgny, du nord au chemin de la Villeneuve.

47° Onze ares dix-huit centiares de terre, lieudit le Haut-du-Pil-Blanc, tenant du levant à M. Robequin, du couchant aux vignes de Périgny, du midi à Juchat et du nord à Séverin.

48° Dix-sept ares sept centiares de terre, près les Vignes-des-Fosses, tenant du levant à Séverin, du couchant à Lauxerrois, du midi à Joseph Quin et du nord à Benjamin Thierry.

49° Huit ares trente-un centiares de terre, même lieudit, tenant du levant à Feuillatre, du couchant à Séverin, du midi à Joseph Quin et du nord à M. Pilavoine.

50° Quarante ares dix centiares, lieudit le Pré-Mouton, de terre basse, tenant du levant à Botte, du midi et du couchant à Thierry-Thierry et du nord à M. Boucher.

51° Vingt ares trente-huit centiares de terre, près le Calvaire, tenant du levant au chemin Creux, du couchant aux héritiers Vincent, du midi à Grangé, du nord à Juchat. Dans cette pièce il existe une carrière à craie.

52° Un hectare quarante-sept ares soixante-treize centiares de terre, pré et eau, lieudit le Hanet, tenant du levant aux héritiers Journeaux de Pont, du couchant à M. Vinot, du midi aux héritiers Gennerat et du nord à plusieurs.

53° Un hectare dix-huit ares de terre, lieudit le Grand-Poirier, tenant du levant à M. Fanielle, du couchant au chemin de séparation, du midi à M. Pilavoine et du nord à plusieurs.

54° Quarante-six ares quatre-vingt-quatre centiares de terre, lieudit le Pil-Blanc, tenant du levant aux héritiers Jeanson, de Périgny, du couchant à plusieurs, du midi à Benjamin Thierry et du nord à plusieurs.

55° Dix ares soixante-trois centiares de terre, lieudit le Bas-des-Plantes, tenant du levant au chemin du bas des Plantes, du couchant à M. Fanielle, du midi à M. Boucher, du nord à Joseph Mugot.

56° Dix-neuf ares quarante-deux centiares de terre, lieudit le Bas-de-Villery, tenant du levant à Feuillatre-Séverin, du couchant à Millet-Botte, du midi à la noue et du nord à un heurt.

57° Neuf ares quatre-vingt-sept centiares de terre, lieudit le Villery, tenant du midi au petit chemin de Périgny, du nord au chemin de la Villeneuve, du levant à Gauroy et du couchant à M. Pilavoine.

58° Quatorze ares soixante-douze centiares de terre, lieudit le Bas-des-Plantes, tenant du levant au chemin, du couchant à Juchat, du midi à Benjamin Thierry et du nord à M. Pilavoine.

59° Soixante-quatre ares soixante-sept centiares de terre, lieudit le Hanet, tenant du levant à Millet-Botte, du couchant à Gay, du midi et du nord à plusieurs.

60° Quarante deux ares vingt-un centiares de terre, même lieu, tenant du levant à Auguste Jeanson, du couchant à M. Fanielle, du midi à M. Verrier et du nord à plusieurs.

61° Quatre-vingt-quatre ares quarante-deux centiares de terre, lieudit le Chemin-aux-Bœufs, tenant du levant à M. Pilavoine, du couchant à M. Séverin, du midi aux héritiers Robequin et du nord au chemin aux Bœufs.

62° Vingt ares quatre-vingt-six centiares de terre, lieudit le Grand-Poirier, tenant du levant à M. Boucher, du couchant à la séparation des finages, du midi à M. Gennerat et du nord à Thierry-Thierry.

63° Seize ares cinquante-neuf centiares de terre, lieudit la Vallée-au-Foin, tenant du levant à Marc Millet, du couchant à Thierry, du midi à Boucher et du nord à la vallée au Foin.

64° Dix-neuf ares vingt-six centiares de terre, lieudit le Bord-des-Noues, tenant du levant à Hubert Quin, du couchant et du midi à Charles Quin et du nord à la Noue.

65° Quatorze ares soixante-treize centiares de terre, lieudit Entre-les-deux-Chemins, coupés par la route, tenant du levant aux héritiers Vincent, du couchant à M. Millet-Botte, du midi au petit chemin de Périgny et du nord au chemin de la Villeneuve.

66° Trente-trois ares soixante-seize centiares de terre, lieudit le Chemin-de-la-Villeneuve, tenant du levant à Huot, du couchant à Lauxerrois, du midi au chemin et du nord à Lauxerrois.

67° Cinquante-deux ares soixante-seize centiares de terre, lieudit la Souris, tenant du levant aux héritiers Robequin, du couchant aux héritiers Vincent, du midi à Juchat et du nord au chemin aux Bœufs.

Finage de Potangis.

68° Cinquante-sept ares quarante centiares de terre, lieudit la Haie-du-Finage, tenant du levant et du couchant à Tuaut, du midi à M. Morand et du nord à Lauxerrois.

69° Trente-un ares quatre-vingt-sept centiares de terre, même lieudit, tenant du levant au vieux chemin de Bethon, du couchant à M. Tuaut, du midi à M. Fanielle et du nord à M. Lauxerrois.

70° Vingt-six ares cinquante-sept centiares de terre, lieudit le Roux, tenant du levant et du couchant à M. Maureau, du midi à M. Juchat et du nord à M. Lauxerrois.

71° Trente-neuf ares quarante-six centiares de terre, lieudit le Fourneau, tenant du levant à Gerardot, du couchant à la route de Bethon, du nord à M. Thierry et du midi à M. Pilavoine.

72° Trente-huit ares quatre-vingt-trois centiares de terre, lieudit la Vallée-au-Foin, tenant du midi à M. Garnier, du nord aux héritiers Foucault, du levant et du couchant au chemin.

73° Quatre-vingt-un ares quatre centiares de terre, au même lieu, tenant du levant à plusieurs, du couchant au chemin de Périgny, du midi et du nord à M. Demeufve.

Finage de Villiers.

74° Huit ares trente centiares de terre et pré, lieudit la Queue-de-l'Etang, vers Chanolles, tenant du nord à M. Latour.

Les immeubles dont la désignation précède sont donnés dans leur état actuel, avec toutes leurs dépendances, sans aucune autre exception que celle ci-après indiquée, comme aussi sans garantie de la mesure exprimée.

Sont exceptés de la présente donation : 1° les peupliers plantés sur les susdits terrains ; 2° une parcelle de terre sur le territoire de Conflans, de treize ares quatre-vingt-dix centiares, lieudit l'Ile ; les peupliers dont il s'agit seront abattus avant l'expiration des baux concernant les terrains où ils se trouvent.

PROPRIÉTÉ.

Les biens donnés appartiennent au donateur, en vertu notamment : 1° d'actes notariés et enregistrés à Anglure aux dates ci-après, savoir :

En mil huit cent vingt-huit, le vingt-deux novembre ; en mil huit cent trente-huit, le premier septembre ; en mil huit cent quarante-trois, le vingt-deux mai ; en mil huit cent quarante-quatre, le dix-huit avril, le dix juin et un autre du même jour ; en mil huit cent quarante-six, le deux octobre ; en mil huit cent quarante neuf, le vingt-deux mars ;

2° Et d'actes sous signatures privées, enregistrés également à Anglure, savoir · le premier, le quatorze juin mil huit cent trente-huit, folio 63, verso, case cinq, par le receveur qui a reçu soixante-dix-neuf francs vingt centimes ;

Le second, le dix-sept mai mil huit cent quarante-trois, folio 183, verso, case six, par le receveur qui a perçu seize francs cinquante centimes ;

Et le troisième, le huit novembre mil huit cent cinquante-deux, folio 148, recto, case sept, par le receveur qui a reçu six francs.

Le tout ainsi que le donateur le déclare.

ÉNONCIATION DES BAUX.

Les biens donnés sont affermés à plusieurs, aux termes de quatre procès-verbaux dressés par Me Marelle, notaire à Marcilly-sur-Seine qui en a gardé minute en présence de témoins, le premier en date du trois décembre mil huit cent soixante-cinq ; le second, du sept janvier mil huit cent soixante-six ; le troisième, du douze du même mois, et le quatrième, en date des treize et seize mars de la même année, moyennant le tout, outre la charge des impôts, un fermage annuel de quinze cent quatre-vingt-douze francs soixante-dix centimes, payable le vingt-cinq décembre de chaque année.

Ces baux, à l'exception des articles un, deux, trois, quinze, seize, dix-sept, dix-huit, dix-neuf, vingt, vingt-un, vingt-trois, vingt-quatre, vingt-cinq, vingt-six, vingt-six *bis*, vingt-sept et soixante-quatorze, ont été consentis pour douze années entières et consécutives, qui ont commencé à courir pour les terres, aux sombres, le vingt-trois avril mil huit cent soixante-six pour finir aux sombres mil huit cent soixante-dix-huit, et pour les prés, par la récolte de ladite année mil huit cent soixante-six pour finir par la récolte mil huit cent soixante-dix-sept.

A l'égard des articles ci-dessus indiqués, formant l'exception, ils sont loués pour une période de six années entières et consécutives, qui ont commencé à courir : pour les terres, aux sombres mil huit cent soixante-six, et pour les prés, par la récolte de cette même année, et qui finiront pour les terres, aux sombres, vingt-trois avril mil huit cent soixante-douze, et pour les prés, par la récolte de l'année mil huit cent soixante-et-onze.

JOUISSANCE.

Le Ministère de l'instruction publique aura la pleine propriété des immeubles donnés à compter d'aujourd'hui, et il en prendra la jouissance, par la perception des fermages, à partir du jour de l'acceptation de la donation.

Le donateur subroge ledit Ministère dans tous les droits et actions résultant en sa faveur des baux sus-énoncés.

Le Ministère supportera les servitudes passives, apparentes ou occultes, continues ou discontinues, pouvant grever les immeubles, sauf à s'en défendre et à profiter de celles actives, s'il en existe, à ses risques et périls, et sans que cette stipulation puisse conférer à des tiers plus de droits que ceux qu'ils pourraient avoir en vertu de la loi, ou de titres réguliers et non prescrits.

CONDITIONS.

Cette donation est faite aux conditions suivantes :

1° Le revenu des biens donnés, ou les intérêts de leur prix, lequel sera placé en rentes sur l'Etat, formeront annuellement et à perpétuité, sauf le prélèvement ci-après fixé, article 8, deux prix. L'un (le premier prix), se composera des trois quarts du montant dudit revenu ; l'autre (le second prix), du quart restant disponible.

2° Ces deux prix et deux livrets de la Caisse d'épargne, dont il sera parlé article 8, seront décernés chaque année au moyen d'un concours entre de jeunes garçons de la classe pauvre, âgés de treize à seize ans, les plus intelligents et d'une bonne conduite, fréquentant les écoles communales.

Premièrement, dans le canton d'Anglure (Marne), de :

1° Bagneux ; 2° Saint-Just ; 3° Sauvage ; 4° Baudement ; Saron ; 6° Marcilly ; 7° Conflans ; 8° Lurey ; 9° Esclavolles ; 10° Villiers ;

Deuxièmement, dans le canton d'Esternay (également Marne), de :

11° Potangis ;

Troisièmement, et dans le canton de Villenauxe (Aube), de :

12° Périgny-la-Rose ; 13° la Villeneuve-au-Châtelot ;

Villages où le donateur possède quelques bien fonds.

3° Les concurrents seront choisis au nombre de : un ou bien de deux, toutes les fois que l'autorité universitaire le jugera utile, par l'instituteur communal, dans chacun des villages ci-dessus.

4° Le concours aura lieu dans la ville d'Anglure (Marne); il sera organisé et dirigé par une commission ainsi composée, savoir : l'inspecteur d'Académie, le juge de paix, le maire et le curé de la commune où se tiendra le concours, le conseiller général pour le canton d'Anglure, et le délégué cantonnal.

L'inspecteur d'Académie présidera, et, à son défaut, le juge de paix. Au cas d'absence de l'un ou de l'autre, les membres présents éliront leur président ; en cas de partage dans les délibérations, la voix du président sera prépondérante.

Aucune délibération ne pourra être prise qu'autant qu'il y aura au moins trois membres présents.

5° Dans le cas où la ville d'Anglure ne consentirait pas que le concours se fît chez elle, alors et alors seulement, il aurait lieu à tour de rôle dans les quatre villages ci-après, savoir : Bagneux, St-Just, Marcilly et Conflans.

Il est bien entendu que le refus de la ville d'Anglure n'aurait d'effet que pour le concours à l'occasion duquel il aurait été exprimé, et que ladite ville pourrait toujours reprendre les concours.

6° Les membres de la commission, sur la convocation de leur président, se réuniront le jour et au lieu indiqués pour le concours.

7° La matière des examens et compositions sera choisie et donnée tous les ans par le recteur d'Académie auquel ressortit le canton d'Anglure, ou par son délégué.

L'écrit contenant ladite matière sera transmis, clos et cacheté au président de la commission, qui ne l'ouvrira qu'en présence de ses collègues et qu'immédiatement avant d'entrer au concours.

8° Après avoir examiné et fait composer les élèves admis à concourir, la commission prélèvera annuellement sur le revenu des biens présentement donnés, une somme de cinq cent vingt-six francs, dont l'emploi va être ci-après indiqué, puis, avec le surplus dudit revenu, décernera les récompenses, savoir :

Au premier, le premier prix.

Au second, le second prix.

Et sur ladite somme prélevée :

Au troisième, un livret de Caisse d'épargne de vingt-cinq francs.

Au quatrième, un livret de vingt francs.

En outre sur le même prélèvement,

Ladite commission allouera annuellement comme frais de voyage pour se rendre au concours, une somme de cent trente francs à partager entre les enfants admis à concourir.

Et enfin, une somme de deux cent cinquante-un francs sera placée successivement pendant cinq années, à une Caisse d'épargne, pour produire un capital qui sera attribué, par l'autorité universitaire, tous les cinq ans, à un ou deux instituteurs parmi ceux des écoles communales, dans les cantons de : 1° Anglure; 2° Esternay (Marne) 3° et Villenauxe (Aube), qui se seront le plus distingués dans cette période de temps par la bonne tenue de leur école, l'instruction de leurs élèves, et auront donné à ces enfants quelques notions d'hygiène et d'agriculture[1].

9° Les élèves qui auront obtenu un premier prix pourront encore être admis, en sus du nombre ordinaire des concurrents, à concourir les années suivantes, s'ils n'ont pas dix-sept ans révolus, mais seulement pour la moitié soit du premier prix, s'ils obtiennent la première place, soit du second prix, s'ils obtiennent la seconde place.

10° Toutes les fois que l'un des villages ci-dessus négligera d'envoyer un élève au concours, un des autres villages, à tour de rôle, en enverra deux.

11° Les curés, les maires et les instituteurs des villages ci-dessus, qui voudront conduire les élèves de leur village, désignés pour concourir, pourront assister au concours comme auditeurs seulement, mais en aucune manière aux délibérations qui doivent demeurer secrètes.

12° Le dixième du revenu des biens sera, tous les cinq ans, prélevé et capitalisé en rentes sur l'Etat, afin d'obvier, par cette augmentation du capital, à la dépréciation toujours croissante de l'argent monnayé.

1. Anglure, 20 communes : Anglure, Saint-Just, Clesles, Marcilly, Conflans, Bagneux, Saron, Lacelle, Saint-Quentin, Granges, Villiers-aux-Corneilles, Lachapelle-Lasson, Saint-Saturnin, Allemanche et Launay, Baudement, Lurey, Esclavolles, Vouarces, Marsangis, Soyer.

Esternay, 23 communes : Esternay, Bethon, Neuvy, Courgivaux, Laforestière, Lanoue, Les-Essarts-les-Sezanne, Villeneuve-la-Lionne, Champ-Guyon, Chatillon-sur-Morin, Montgenost, Nesle-la-Reposte, Boucly-le-Repos, Lemeix-Saint-Epoing, Reveillon, Les-Essarts-le-Vicomte, Joiselle, Potangis, Saint-Bon, Chantermerle, Escarde, Saint-Genest, Bricot-la-Ville.

Villenauxe, 7 communes : Villenauxe, La Saulsotte, Barbuise, Montpothier, Plessis-Barbuise, Villeneuve-au-Chatelot, Périgny-la-Rose.

13° Les sommes formant le montant des deux prix ne seront point remises aux parents des enfants couronnés ; la commission ci-dessus désignée placera ces sommes à une Caisse d'épargne, au nom des enfants, pour être employées ensuite dans l'intérêt exclusif de ces derniers, et si la somme, montant du prix, n'est pas entièrement épuisée, l'enfant recevra le reste à sa majorité.

Cependant, si un enfant donnait lieu par sa conduite à de graves mécontentements, la commission pourra, d'après les faits laissés à son appréciation, priver l'enfant de ce qui resterait dû au moment où sa décision serait prise, et l'argent, ainsi retenu, augmenterait d'autant le capital de la présente donation.

14° Afin de ne point diminuer l'importance des deux prix, les concours ne commenceront qu'après que les sommes déboursées pour acquitter : 1° les droits de mutation du présent acte ; 2° les honoraires du notaire ; 3° et les mesurages et bornage, par M. Tanneur, géomètre, de diverses parcelles faisant partie des biens présentement donnés, auront été (lesdites sommes) recouvrées au moyen du cumul des fermages desdits bien perçus, jusqu'à due concurrence, par la personne qui les aura avancées.

15° Les frais, soit judiciaires, soit extra-judiciaires faits pour contraindre les débiteurs au paiement des fermages, seront prélevés sur le montant des revenus de l'année dans le courant de laquelle ils seront nécessités.

16° Si la ville d'Anglure accepte que les concours pour les jeunes garçons, dont il est question plus haut, aient lieu chez elle, alors les cent francs restant de la somme de cinq cent vingt-six francs à prélever annuellement sur les revenus des biens donnés, formeront tous les ans et à perpétuité un livret de Caisse d'épargne de ladite somme de cent francs.

Ce livret sera décerné, chaque année, au moyen d'un concours, à la plus méritante par la modestie, l'amour du travail et l'instruction, parmi les jeunes filles de la classe pauvre, âgées de onze à treize ans, fréquentant l'école communale d'Anglure.

Le juge de paix, le maire, le curé d'Anglure et deux personnes choisies par l'inspecteur d'Académie organiseront ce concours et en seront les juges ; ils devront être au moins trois membres pour délibérer ; le juge de paix présidera.

Mais si la ville d'Anglure n'accepte pas que les concours mentionnés plus haut pour les jeunes garçons, se tiennent chez elle, alors les cent francs, au lieu de former un livret pour les jeunes filles, reviendront aux deux prix de jeunes garçons dans la proportion ci-dessus indiquée, des trois quarts au quart.

TRANSCRIPTION.

Une expédition des présentes sera transcrite au bureau des hypothèques de la situation des biens ; si l'état qui sera délivré sur l'accomplissement de cette formalité fait connaître l'existence d'inscriptions, le donateur s'oblige à en rapporter main-levée et certificat de radiation à ses frais, dans le mois de la demande amiable qui lui en sera faite au domicile ci-après élu.

DÉCLARATIONS.

Le donateur déclare qu'il est célibataire,

Qu'il n'a jamais été chargé de fonctions emportant hypothèque légale,

Et qu'il n'a jamais consenti aucune hypothèque sur les bien donnés.

ÉVALUATION DU REVENU.

Pour la perception du droit d'enregistrement, le donateur déclare que les immeubles donnés, d'un revenu annuel de quinze cent quatre-vingt-douze francs soixante dix centimes, ainsi qu'il résulte des baux sus-énoncés, sont passibles d'un impôt foncier annuel de cent trente-cinq francs trente centimes.

ÉLECTION DE DOMICILE.

Pour l'exécution des présentes, domicile est élu en l'étude de Me Varlet, notaire soussigné,

Dont acte sur modèle représenté,

Fait et passé à Saint-Just, en l'étude de Me Varlet,

L'an mil huit cent soixante-huit, le dix-sept octobre,

En présence de :

1o M. Césaire-Emmanuel-Joseph-Alfred Gérin, propriétaire, demeurant à Saint-Just, maire de ladite commune et suppléant près la justice de paix d'Anglure ;

2o Et M. Jean-Baptiste-Antoine Godet, propriétaire, demeurant audit lieu de Saint-Just,

Témoins instrumentaires requis, réunissant les qualités voulues par la loi.

Et après lecture faite, M. Robequin a signé avec les témoins et le notaire.

La lecture du présent acte, par Me Varlet à M. Robequin, donateur, et la signature de ce dernier ont eu lieu en présence réelle et continuelle desdits témoins instrumentaires.

Ensuite est écrit :

« Enregistré à Anglure, le vingt-quatre octobre mil huit
« cent soixante-huit, folio 170, verso, case 3, reçu cinq
« francs, décimes, soixante-quinze centimes.

« Signé : MANTELET »

DONATION DU 22 AVRIL 1871

Par-devant Me Emile VARLET, notaire à Saint-Just, canton d'Anglure (Marne), soussigné,

Assisté des témoins ci-après nommés et aussi soussignés,

A comparu :

M. Edme-Isidore ROBEQUIN, juge en retraite, officier d'académie, demeurant à Paris, rue Malebranche, n° 5,

Lequel a, par ces présentes, fait donation entrevifs et irrévocable,

Au MINISTÈRE DE L'INSTRUCTION PUBLIQUE, réprésentant l'Etat,

Sauf acceptation ultérieure, lorsque l'autorisation nécessaire sera obtenue,

De quarante-six actions du chemin de fer de l'Est, au porteur, portant les numéros suivants : sept mille sept cent vingt-cinq, vingt-trois mille six cent neuf, vingt-trois mille six cent dix, cent vingt-neuf mille trois cent quarante-cinq, cent quatre-vingt-quatorze mille huit cent dix-neuf, deux cent trois mille huit cent quatre-vingt-huit, deux cent cinq mille sept cent vingt, deux cent vingt-trois mille sept cent cinquante, deux cent quarante-sept mille cent quatre-vingt-six, deux cent quarante-sept mille cent quatre-vingt-sept, deux cent quarante-sept mille cent quatre-vingt-huit, deux cent quarante-neuf mille douze, deux cent cinquante-six mille quatre cent dix-huit, deux cent soixante mille quatre cent quatorze, deux cent soixante mille quatre cent quinze, deux cent soixante-quatre mille deux cent trois, deux cent soixante-treize mille cent quatre-vingt, deux cent soixante-treize mille cent quatre-vingt-un, deux cent soixante-treize mille cent quatre-vingt-deux, deux cent soixante-onze mille trois cent cinquante-trois,

trois cent cinquante-quatre mille cinq cent sept, trois cent cinquante-six mille cinq cent onze, trois cent soixante-trois mille cent soixante-trois, trois cent soixante-dix-sept mille vingt-sept, trois cent soixante-dix-sept mille vingt-neuf, trois cent soixante-dix-sept mille trente, trois cent soixante-dix-sept mille trente-un, trois cent soixante-dix-sept mille trente-quatre, trois cent quatre-vingt mille deux cent cinquante, quatre cent quatre mille neuf cent onze, quatre cent quatre mille neuf cent douze, quatre cent vingt-six mille six cent quarante, quatre cent vingt-six mille six cent quarante-un, quatre cent vingt-huit mille neuf cent cinq, quatre cent quarante-cinq mille six cent quatre-vingt-un, quatre cent cinquante-cinq mille sept cent vingt-huit, quatre cent quatre-vingt-un mille six cent quatre-vingt-treize, quatre cent quatre-vingt-six mille cinq cent quatre-vingt-neuf, quatre cent quatre-vingt-six mille cinq cent quatre-vingt-dix, quatre cent quatre-vingt-sept mille sept cent cinq, quatre cent quatre-vingt-douze mille sept cent quatre-vingt-neuf, quatre cent quatre-vingt-dix-huit mille cent soixante-six, cinq cent vingt-neuf mille quatre cent cinquante-quatre, cinq cent trente-sept mille sept cent quatre-vingt quinze, cinq cent quarante-six mille neuf cent quatre-vingt-six et cinq cent soixante-dix mille quatre cent quatre-vingt.

Lesquelles actions sont timbrées par abonnement à cinq centimes par cent francs.

JOUISSANCE.

Le Ministère de l'instruction publique aura la pleine propriété des dites actions données à compter d'aujourd'hui, et il en aura la jouissance, par la perception des intérêts et dividendes desdites actions, à partir du jour de l'acceptation définitive de la donation sauf ce qui sera dit ci-après pour le paiement des droits, frais et honoraires de la présente donation.

CONDITIONS.

La présente donation est faite aux charges et conditions suivantes :

Les intérêts et dividendes desdites ***quarante-six actions de l'Est*** serviront à former, à perpétuité, des récompenses quinquennales, au moyen d'un concours entre les instituteurs des écoles communales du canton d'Anglure (Marne), et des villages ci-après, savoir :

1° Sompuis (patrie de Royer-Collard); 2° Montépreux ; 3° Potangis (Marne) ; 4° Périgny ; 5° la Villeneuve-au-Châtelot ; 6° Villette près Arcis (Aube) ; 7° Villers-sur-Seine ; 8° enfin Athis (Seine-et-Marne), qui se seront le plus distingués par la bonne tenue de leurs classes, l'instruction et l'éducation d'un plus grand nombre d'écoliers, relativement à la quantité d'élèves fréquentant leur école ; auront donné à ces mêmes élèves, si l'autorité universitaire le permet, quelques notions d'hygiène et d'agriculture et enfin leur auront fait connaître, de temps en temps, la biographie d'ouvriers qui, des conditions les plus humbles de la société, sont arrivés par le travail, la bonne conduite et la persévérance, non-seulement à une position honnête, mais parfois aux premiers rangs de la société.

Tous les cinq ans, l'autorité supérieure universitaire décernera aux huit instituteurs les plus méritants des écoles communales ci-dessus indiquées, suivant le rang par eux obtenu aux concours dont il va être ci-après parlé, savoir :

Au premier, comme médaille d'or, les quatre dixièmes du montant total que produiront, pendant chaque période quinquennale, les intérêts et dividendes cumulés desdites quarante-six actions ;

Au second 1° un dixième des même intérêts et dividendes, 2° et une somme de deux cent quarante francs ;

Au troisième, une prime de six cents francs ;

Au quatrième, une de cinq cent cinquante francs ;

Au cinquième, une de cinq cents francs ;

Au sixième, une de quatre cent cinquante francs ;

Au septième, une de trois cent cinquante francs ;

Enfin au huitième, une de trois cents francs.

La même autorité supérieure universitaire décernera, en outre, aux meilleurs élèves des instituteurs appelés à concourir, des livrets de caisse d'épargne, savoir :

Au premier du concours, un livret de trois cents francs ;

Au second, un livret de cent cinquante francs ;

Au troisième, un de quatre-vingts francs ;

Au quatrième, un de soixante francs ;

Au cinquième, un de cinquante francs ;

Au sixième, un de quarante francs ;

Au septième, un de trente-cinq francs ;

Au huitième, un livret de trente francs ;

Au neuvième, un de vingt-cinq francs ;

Au dixième, un de vingt francs ;

Enfin, au onzième, un de quatorze francs.

Quand l'autorité universitaire supérieure jugera qu'une médaille n'est pas méritée, la somme formant le montant de cette médaille sera capitalisée par un placement en rente sur l'Etat, et réunie au capital de la présente fondation.

Le concours aura lieu périodiquement de la manière suivante :

Tous les cinq ans, pour juger du mérite des instituteurs faisant partie du concours, on fera composer leurs élèves le même jour, à la même heure, dans chacune des communes ci-dessus indiquées, en présence d'une commission composée du curé, qui présidera, du maire et d'un délégué du juge de paix ; dans les villages privés de curés, le juge de paix de paix délèguera des personnes notables pour les remplacer.

La matière de la composition sera la même pour toutes les écoles, et comprendra notamment : 1° l'écriture, 2° l'orthographe, 3° le calcul, 4° enfin quelques questions, s'il plaît à l'autorité universitaire, sur l'hygiène et l'agriculture.

La matière de la composition sera transmise, sous un pli clos et cacheté, à chaque président des diverses commissions, qui ne l'ouvrira qu'en présence de ses collègues et qu'au moment de faire composer les éléves sur les quatre devoirs ci-dessus indiqués. Ces quatre devoirs seront écrits par chaque élève, sur un cahier de quatre pages, une page destinée par chaque devoir ; en tête de la première page seront inscrits : 1° la dénomination du pays, 2° les noms et prénoms de l'instituteur, 3° le nombre de ses élèves ; à la fin de la dernière page, l'écolier écrira ses nom, prénoms et âge.

La correction se fera dans chaque commune, par l'instituteur, en présence de deux membres au moins de la commission ; le nombre des fautes de chaque devoir sera inscrit en marge de ce devoir.

Chaque président des diverses commissions adressera, en deux paquets, à l'inspecteur d'académie dont l'école ressortit, les cahiers de devoirs ainsi corrigés : l'un des paquets contiendra les six meilleurs cahiers de devoirs, l'autre paquet se composera des autres cahiers ; dans l'un et l'autre paquet, ces cahiers seront rangés par ordre de mérite.

Chaque inspecteur d'académie transmettra le tout à l'autorité universitaire supérieure, après avoir reçu et fait examiner les cahiers, notamment les six premiers de chaque école, par des personnes méritant sa confiance, et donnera son appréciation personnelle sur chaque instituteur de son ressort, faisant partie du concours.

Puis ladite autorité supérieure universitaire décernera aux instituteurs et aux élèves les récompenses ci-dessus désignées, selon le rang obtenu par chacun d'eux aux concours.

Si cependant ce mode de concours paraît trop compliqué, le donateur laisse à l'autorité supérieure universitaire la faculté d'en adopter un autre.

Dans l'intervalle de chaque période quinquennale, le montant des intérêts et dividendes que produiront les coupons des quarante-six actions de l'Est dont il s'agit, sera placé en rente sur l'Etat, à la fin de chaque année, et tous ces intérêts ainsi capitalisés durant toute la période quinquennale, seront réunis au capital de la présente fondation et devront l'augmenter d'autant.

En cas de vente ou de remboursement d'actions de l'Est présentement données, ces actions seront remplacées par des rentes trois pour cent sur l'Etat français, produisant un revenu équivalent à celui desdites actions de l'Est; en conséquence, l'attribution des récompenses quinquennales ci-dessus établies, serait suspendue jusqu'à ce que par le cumul des coupons trimestriels de ladite rente achetée en remplacement des actions de l'Est, on se soit procuré un capital suffisant pour combler la différence de revenu entre les deux valeurs.

Les instituteurs lauréats qui ne seront pas titulaires de leur école depuis cinq années, n'auront droit à l'une quelconque des récompenses ci-dessus établies, que proportionnellement à la durée de leurs services en ladite école, le restant de la somme sera placé à une caisse d'épargne et lorsque les intérêts cumulés seront suffisants, il sera acheté de la rente sur l'Etat français, pour augmenter d'autant le capital de la présente fondation.

Afin de ne point amoindrir ni diminuer l'importance des récompenses dont il s'agit, la distribution des récompenses aux instituteurs et aux élèves sera suspendue jusqu'à ce qu'au moyen de l'encaissement des coupons desdites quarante-six actions, le montant de tous frais, droits et honoraires occasionnés par les présentes et par l'acceptation de ladite donation, ait été remboursé en principal et intérêts à la personne qui en aura fait l'avance.

En exécution de ce qui précède, le donateur vient de déposer entre les mains dudit Me VARLET, les quarante-six actions de l'Est dont il s'agit, qui les conservera pour en toucher les coupons destinés jusqu'à due concurrence, ainsi qu'il a été dit plus haut, à rembourser en principal et intérêts les frais, droits et honoraires occasionnés par le présent acte de libéralité et ceux qui en seront la conséquence.

Le donateur a manifesté le désir que les instituteurs qui obtiendraient au concours une médaille d'or, plantassent troisarbres ; ceux qui obtiendraient une médaille d'argent en plantassent deux ; enfin ceux qui obtiendraient une simple prime, plantassent un seul arbre sur un terrain de leur commune respective, à l'endroit qu'il plaira au maire d'indiquer.

ÉLECTION DE DOMICILE.

Pour l'exécution des présentes, domicile est élu en l'étude de Me VARLET, notaire soussigné.

Dont acte sur modèle représenté.

Fait et passé à Sainl-Just, en l'étude Me VARLET ;

L'an mil huit cent soixante-et-onze, le vingt-deux avril ;

En présence de MM. Césaire-Emmanuel-Joseph-Alfred GÉRIN, propriétaire, juge suppleant de la justice de paix, du canton d'Anglure, demeurant à Saint-Just, et Jean-Baptiste-Antoine GODET, propriétaire, demeurant au même lieu.

Témoins instrumentaires requis, réunissant les qualités voulues par la loi.

Et après lecture faite, M. ROBEQUIN a signé avec les témoins et le notaire.

La lecture du présent acte par Me VARLET au donateur et la signature de ce dernier, ont eu lieu en la présence réelle et continuelle desdits témoins instrumentaires.

En marge est écrit :

Enregistré à Anglure, le huit mai mil huit cent soixante-onze, folio 98, recto case 4, reçu deux francs, décime et demi trente centimes.

Signé : RICHARDIN.

DONATION DU 10 MAI 1871

Par-devant Me Emile VARLET, notaire à Saint-Just, canton d'Anglure (Marne), soussigné,

Assisté des témoins ci-après nommés et aussi soussignés,

A comparu :

M. Edme-Isidore ROBEQUIN, juge en retraite, officier d'académie, demeurant à Paris, rue Malebranche, n° 5,

Lequel a, par ces présentes, fait donation entrevifs et irrévocable,

A la VILLE D'ANGLURE [1], chef-lieu de canton, arrondissement d'Epernay (Marne),

Sauf acceptation ultérieure, lorsque l'autorisation nécessaire sera obtenue,

De quatre actions au porteur du chemin de fer de l'Est portant les nos 44,196, 44,197, 44,195 et 73,770,

Lesquelles actions sont revêtues du timbre d'abonnement à cinq centimes par cent francs.

Les intérêts et dividendes desdites quatre actions serviront à la fondation et à l'entretien d'une bibliothèque populaire dans la ville d'Anglure.

Ladite ville donataire ne jouira du revenu des quatre actions présentement données qu'après 1° Le paiement intégral de tous frais, droits et honoraires des présentes et de ceux d'acceptation et de signification, effectué au moyen des intérêts et dividendes desdites quatre actions, cumulées jusqu'à due concurrence ; 2° Et l'achat d'un corps de bibliothèque

1. La commune de Saint-Just se trouve substituée à la ville d'Anglure, qui n'a pas rempli en temps utile les formalités nécessaires.

assez vaste, avec portes vitrées pour les livres, plus de deux boîtes carrées avec châssis vitrés pour les autographes, médailles, gravures et photographies, lesdites bibliothèque et boîtes devront fermer à clef.

Aussitôt l'autorisation donnée par l'autorité compétente d'accepter la présente donation, lesdites quatre actions de l'Est seront converties en titres nominatifs au nom de la ville d'Anglure.

Le maire nommera, parmi les notables d'Anglure, douze administrateurs qui chacun pendant un mois, les jours où la bibliothèque sera ouverte, donneront les livres aux lecteurs, et ceux-ci devront les remettre entre les mains de l'administrateur.

Personne ne pourra emporter les livres ; il seront lus sur place. Les autographes ne pourront être communiqués que par le maire, personnellement, pour être lus aussi sur place et en sa présence. Le maire seul aura la clef des autographes.

La bibliothèque sera ouverte les dimanches et fêtes, aux heures que le maire fixera, et encore, s'il plait au maire, les jours de congé de l'Ecole communale.

Ne seront admises à la bibliothèque que des personnes soigneuses, incapables d'endommager les livres par leur contact.

Le maire fera dresser le catalogue des livres, des autographes et autres objets renfermés dans la bibliothèque ; le cachet de la commune d'Anglure sera apposé sur plusieurs pages de chaque livre, ainsi que sur les gravures et autographes.

En cas de vente ou de remboursement d'actions de l'Est, présentement données, elles seront remplacées en rente trois pour cent sur l'Etat Français, produisant un revenu équivalent à celui desdites actions. Conséquemment, tout achat de livres sera suspendu jusqu'à ce que, par le cumul des coupons trimestriels de ladite rente achetée en remplacement des actions de l'Est, on ait obtenu un capital suffisant pour combler la différence de revenu entre ces deux valeurs.

Afin de remédier à la dépréciation toujours croissante de l'argent monnayé, il sera prélevé chaque année et à perpétuité sur le revenu desdites quatre actions, une somme de vingt francs, laquelle sera placée à une caisse d'épargne, et augmentera ainsi annuellement le capital de la présente fondation pour l'améliorer d'autant.

En conséquence de ce qui a été ci-dessus stipulé, le donateur vient de déposer les quatre actions de l'Est dont il s'agit, à Me Varlet, notaire soussigné, qui les conservera pour en toucher les coupons, jusqu'à ce que la somme nécessaire au paiement des frais, droits et honoraires des présentes, et à l'achat des objets sus-mentionnés, destinés à l'établissement de ladite bibliothèque, ait été remboursée à la personne qui en aura fait l'avance.

TESTAMENT DU 2 JUIN 1875

In manus tuas, domine, commendo spiritum meum.

Je soussigné, Edme-Isidore Robequin, juge en retraite, demeurant à Paris, rue Paillet, n° 28, déclare tester comme il suit :

J'institue mon cousin Josse, grand-vicaire Meaux, et mon cousin Edouard Verrollot, demeurant à Bonnevoisine, commune de Champfleury (Aube), mes légataires universels.

Je nomme M. Gérin, suppléant du Juge de paix d'Anglure, mon exécuteur testamentaire, et je lui lègue mes deux couverts d'argent que je le prie d'accepter comme souvenir.

Je lègue au Ministère de l'Instruction publique, représentant l'Etat, à la charge d'en faire l'emploi ci-après exprimé, les objets qui vont être désignés, savoir :

§ 1er. — Immeubles.

1ent Un lot de terres, bois et pré, sur Saron, et un champ sur Saint-Just, lieu dit les Chatats ; contenant le tout sept hectares 63 ares, loués à M. Thomas Beaujean, demeurant à Saron par Bail déclaratif, reçu Me Marelle, alors notaire à Marcilly, le 20 juin 1864.

2ent Un lot de prés sur Saint-Just en sept parcelles (dont une convertie en terre labourable), savoir :

1° 67 ares 90 centiares, dont 42 ares en pré et le surplus en bois, lieu dit le Pré-Fleuron ou les Essards ;

2° 16 ares 20 centiares, lieudit Pré-Villain ;

3° 41 ares 30 centiares, lieudit l'Ormet ;

4° Un hectare 61 ares 90 centiares, lieudit Prés-Macheret ou pièce de huit;

5° Un hectare 35 ares 55 centiares, lieudit Prés-Macheret ou Prés-Marais;

6° 93 ares 50 centiares, lieudit Prés-Macheret ou Prés-Haut. (*Nota.* Ces six parcelles m'appartiennent suivant acte de partage, enregistré à Anglure le 18 août 1842);

7° Un hectare 62 ares 90 centiares, et treize ares 71 centiares. — Ces deux derniers morceaux ont été réunis en un de un hectare 75 ares 61 centiares et m'appartiennent suivant acte de partage, enregistré à Anglure le 20 juillet 1851);

Le total des sept parcelles est de six hectares 91 ares 91 centiares.

§ 2. — Valeurs mobilières.

1ent Les actions du chemin de fer de l'Est.

2ent Les obligations de trois et cinq pour cent dudit chemin de fer de l'Est.

3ent Les rentes sur l'Etat trois et cinq pour cent.

4ent Les obligations de toute nature trois et quatre pour cent, y compris les communales du Crédit Foncier de France.

5ent Les fonds par moi déposés audit Crédit Foncier.

6ent Les obligations de la ville de Paris.

Que (le tout) je laisserai au jour de mon décès (sauf ce qui pourra en être distrait pour d'autre legs, par le présent testament ou par codicilles).

Les revenus et intérêts des biens ainsi légués au Ministère de l'Instruction publique serviront (sauf les prélèvements ci-aprés établis) à former à perpétuité deux prix : Le premier prix se composera des trois quarts de la somme totale montant desdits revenus et intérêts, et le second prix se composera du quart restant. Ces deux prix seront décernés chaque année au moyen d'un concours entre de jeunes garçons de la classe pauvre de la société âgés de douze à seize ans, les plus intelligents, notamment et avant tout d'une bonne conduite et les mieux élevés par leurs parents, fréquentant dans les cantons d'Anglure, d'Esternay (Marne), de Villenauxe (Aube), les Ecoles communales de 1° Bagneux ; 2° St-Just ; 3° Sauvage ; 4° Baudement ; 5° Saron ; 6° Marcilly ; 7° Conflans ; 8° Lurey ; 9° Esclavolles ; 10° Villiers-aux-Corneilles ; 11° Potangis ; 12° Perigny ; 13° enfin Lavilleneuve-au-Châtelot (villages où j'ai possédé quelques biens fonds).

Les concurrents seront choisis au nombre de un (ou bien au nombre de deux, quand l'autorité supérieure universitaire le jugera utile) par l'Instituteur communal, dans chacun des treize villages qui viennent d'être désignés ;

Le concours aura lieu chaque année dans la ville d'Anglure (Marne), il sera organisé et dirigé par une Commission composée de l'Inspecteur d'Académie, Président du concours, du Juge de Paix ; du Maire ; du Curé d'Anglure ; du Conseiller général ; du Conseiller d'arrondissement du canton d'Anglure ; du Délégué cantonal du canton d'Anglure.

En l'absence de l'Inspecteur d'Académie, les Membres présents éliront leur Président à la majorité des voix et au scrutin secret.

Pour toute décision, trois membres au moins devront être présents, au cas de Membres en nombre pair, s'il y a partage, la voix du Président sera prépondérante.

Dans le cas où la ville d'Anglure ne voudrait pas que le Concours se fit chez elle, alors, et alors seulement, il aurait lieu alternativement dans les quatre villages ci-après savoir : Bagneux, Saint-Just, Marcilly, Conflans.

Sur la convocation de leur Président, les Membres de la Commission se rendront au lieu et le jour indiqué par lui pour le Concours.

La matière des examens et compositions, sera donnée tous les ans, par le Recteur d'académie d'où ressortit le canton d'Anglure, ou par son Délégué ; l'écrit contenant ladite matière sera transmis, clos et cacheté, au Président de la commission qui ne l'ouvrira qu'en présence de ses collègues et qu'immédiatement avant l'ouverture du Concours.

Après avoir examiné et fait composer les élèves, corrigé leurs devoirs, la Commission prélèvera tous les ans une somme de 900 fr., puis décernera les récompenses, savoir : à l'élève qui obtiendra la première place, le premier prix, le second prix à la deuxième place.

Ces prix composés comme il est dit plus haut, savoir : le premier prix des trois quarts des revenus et intérêts des objets légués au Ministère de l'Instruction, et le 2e prix du quart restant des dits revenus et intérêts.

Sur les neuf cents francs prélevés ainsi qu'il vient d'être dit, il sera attribué à l'élève qui obtiendra la 3e place, un Livret de Caisse d Epargne de trois cents francs ; à la 4e place, un Livret de cent soixante francs ; à la 5e place un Livret de cent quarante francs ; enfin à la 6e place un Livret de cent francs.

Les deux cents francs restant seront distribués aux enfants admis à concourir, comme frais de voyage et par portions égales.

Les Curés, les Maires, les Instituteurs, qui voudront conduire à Anglure les élèves de leur commune admis à concourir, pourront assister au Concours dans des places réservées, comme auditeurs, jamais aux délibérations qui doivent demeurer secrètes.

Les élèves qui auront obtenu un premier prix, pourront encore concourir une fois, s'ils n'ont pas 17 ans accomplis, mais pour la moitié seulement du prix qu'ils obtiendront ; l'autre moitié sera attribuée à l'Elève qui aurait été le premier, si un vétéran n'eût pas été admis à concourir.

Les sommes formant le montant des deux prix et des Livrets de Caisse d'Epargne, ne seront point remises aux parents des enfants couronnés. La Commission placera les fonds à une Caisse d'épargne, ou bien en rente sur l'Etat suivant l'importance de la somme. Et (si quelqu'un des Membres de ladite Commission veut bien se charger de ce soin) on placera chaque élève qui aura obtenu un prix dans un établissement en rapport avec ses goûts son aptitude et l'importance du prix gagné. La Commission paiera la pension et l'entretien de l'Enfant. Et si la somme n'est pas épuisée, l'enfant recevra à sa majorité le reliquat. Cependant, si un Elève donnait lieu par sa conduite à de graves mécontentements, la Commission pourra, d'après les faits laissés à son appréciation, priver l'enfant de ce qui resterait dû au moment où sa décision serait prise, et les deniers ainsi retenus augmenteraient d'autant le capital et les intérêts de la présente fondation.

Les membres de la Commission, par leur charitable surveillance sur les enfants couronnés, les formeront au bien et à la vertu. Puissent ceux de ces enfants à qui Dieu accordera les dons de la fortune, augmenter, propager la présente œuvre, qui a été la pensée et la consolation de ma vie. Puisse cette œuvre être du moins pour quelques familles pauvres, mes compatriotes, un germe fécond de moralité et un allégement quelconque à la misère.

Le premier et le second prix mentionnés au présent legs, faits au ministère de l'Instruction seront réunis, (si l'autorité supérieure universitaire y donne son approbation) seront réunis, dis-je, tous les ans au premier et au second prix que j'ai fondés par acte reçu Me Varlet, notaire alors à Saint-Just, le 17 octobre 1868, en faveur d'enfants pauvres, fréquentant les Ecoles communales ci-dessus mentionnées, et ils ne formeront, au moyen de cette réunion, qu'un seul premier prix, qu'un seul second prix dans un même et unique Concours. Il en sera de même pour les Livrets de Caisse d'épargne et les frais de voyage.

Outre le prélèvement ci-dessus de neuf cents francs sur le revenu des biens composant le présent legs fait au ministère de l'Instruction, l'autorité supérieure universitaire prélèvera annuellement une somme de mille francs pour acquitter à perpétuité une bourse dans l'Etablissement de Paris des jeunes aveugles, en faveur des descendants de mes frères et de ma sœur, qui auraient le double malheur d'être privés de la vue et d'être tombés dans le besoin ; à défaut d'eux la bourse profitera aux jeunes aveugles pauvres, nés et demeurant soit dans la ville d'Anglure, soit dans l'un des treize villages ci-dessus désignés pour les Concours, soit dans la commune de Sompuits, patrie de l'illustre Royer-Collard ; soit enfin dans la commune de Villette, près Arcis (Aube).

Dans les heureux intervalles de temps où, faute de jeunes aveugles, la bourse vaquera, les mille francs de rente annuelle dont s'agit, s'ajouteront au capital du legs fait ci-dessus au ministère de l'instruction et l'augmenteront d'autant pour l'avenir. Les intérêts, au fur et à mesure de leur échéances, seront placés en rentes sur l'Etat pour augmenter d'autant la présente fondation des deux prix et des Livrets de Caisse d'Epargne ci-dessus.

Si par la suite du temps la pension des jeunes aveugles vient à être augmentée, alors le prélèvement augmentera de la somme exigée en plus par l'Etablissement des jeunes aveugles.

L'autorité supérieure universitaire, toutes les fois que l'occasion s'en présentera et qu'elle jugera à propos d'en profiter, pourra, avant tous les prélèvements ci-dessus mentionnés (j'en excepte la disposition qui précède concernant les jeunes aveugles) pourra, dis-je, prélever les sommes nécessaires pour placer et entretenir pendant tout le temps de ses études, d'abord dans un lycée, ensuite soit dans un séminaire, soit dans une école militaire. soit même à l'Ecole polytechnique ; soit enfin lui faire étudier le droit et la médecine, un enfant pauvre tout à fait remarquable par ses heureuses dispositions, ses aptitudes, sa rare intelligence et sa bonne conduite avant tout, qui ait été bien élevé par ses parents, né et demeurant dans l'une des communes ci-après, savoir : 1° Bagneux, 2° Saint-Just, 3° Sauvage, 4° Baudement, 5° Saron, 6° Marcilly, 7° Conflans, 8° Lurey, 9° Esclavolles, 10° Villiers-aux-Corneilles, 11° Anglure, 12° Sompuits (patrie de l'illustre Royer-Collard (Marne), 13° Périgny, 14° Lavilleneuve-au-Châtelot, 15° et enfin Villette, près Arcis (Aube).

Les années qui évidemment ne devront se reproduire qu'à de longs intervalles (à raison de la rareté des sujets doués des qualités requises) les années, dis-je, où se fera le prélèvement privilégié dont s'agit, dans les conditions exceptionnelles et de rigueur qui viennent d'être exprimées, alors le quantum du montant des premiers et des seconds prix ainsi que des Livrets de Caisse d'Epargne sera réduit proportionnellement à leur montant respectif, de tout ce qui sera nécessaire, tant que dureront les études des Enfants d'élite ainsi choisis par l'autorité supérieure universitaire.

Les sommes qui, après mon décès, proviendraient soit de la vente des terres ou des actions et des obligations de chemins de fer, ou des valeurs quelconques comprises au présent legs fait au ministère de l'instruction, soit de remboursements avec lots ou seulement avec primes des diverses obligations comprises au même legs, ces sommes, dis-je, seront placées en rentes sur l'Etat ainsi que les primes et lots s'il y échet, pour augmenter d'autant la présente fondation des deux prix et des Livrets de Caisse d'Epargne.

Si au jour de mon décès je n'ai pas été remboursé des avances faites de mes deniers ou qui pourront être faites pour acquitter les droits de mutation, d'Enregistrement, les frais et honoraires du notaire instrumentaire dans les donations par moi faites au ministère de l'instruction, ou que je me propose de faire en faveur des domestiques de ferme ; enfin pour les sommes que j'ai payés à M. Tanneur, géomètre à Anglure, pour mesurage et arpentage des terres et prés, faisant partie des dites donations, si, dis-je, je ne suis pas remboursé au jour de mon décès, de ces diverses avances, les concours seront suspendus jusqu'au parfait remboursement fait à ma succession desdites avances, et ce, au moyen des revenus et intérêts des objets compris dans lesdites donations. Les sommes ainsi remboursées à ma succession seront employées à acheter des rentes sur l'État pour augmenter d'autant ladite fondation des deux Prix et des Livrets de Caisse d'Epargne.

Je supplie notamment le ministre de l'Instruction publique de constituer (ainsi que, sur ma demande, ont bien voulu le faire trois ministres de l'Instruction pour mes donations entrevifs), de constituer, dis-je, un mandataire pour faire, en son nom, l'acceptation du présent legs (après l'autorisation du Conseil d'Etat) pour faire son acceptation, dis-je, en l'étude du notaire résidant à Saint-Just (Marne) et ce, afin que les nombreuses parties intéressées que ledit legs concerne, qui sont sur les lieux, puissent se procurer sans déplacement et sans frais les renseignements et documents qui pourront les intéresser.

Les frais de la procuration dont s'agit seront acquittés par ma succession.

Afin que l'importance des deux Prix ne soit point diminuée par le paiement des droits de mutation et autres frais quelconque du présent legs, ces frais seront acquittés ainsi que les honoraires du notaire avec les revenus des objets compris audit legs, échus au jour de mon décès et les deniers qui se trouveront dans ma succession ; enfin avec le prix de la vente jusqu'à due concurrence d'objets faisant partie dudit legs fait au ministère de l'Instruction.

L'autorité universitaire ajournera les Concours jusqu'à ce que par le cumul des revenus et intérêts des objets légués au ministère de l'Instruction, on aura recouvré les sommes déboursées et acheté des valeurs ou rentes sur l'Etat dont l'intérêt annuel égalera le montant également annuel du revenu des objets aliénés ou remboursés.

Le dixième du montant desdits revenus des biens présentement légués au Ministère de l'Instruction sera tous les cinq ans prélevé et capitalisé au moyen d'un placement dudit dixième, en rentes sur l'Etat, afin d'obvier par cette augmentation du capital, à la dépréciation incessante de l'argent monnayé.

. . . .

Les droits d'enregistrement et les frais de dépôt du présent testament ainsi que tous autres frais seront supportés par mes légataires universels et mes autres légataires chacun dans la proportion de son émolument.

. . . .

Je veux être enterré à Marcilly-sur-Seine et à côté de mon père, je veux un enterrement de troisième classe ; on ne mettra pas de pierre tumulaire, on gravera seulement sur celle de mon père à la suite de son épitaphe ces mots : Et Isidore Robequin né à Marcilly le 13 mai 1796, décédé à..... Et on finira par les mots suivants : In manus tuas domine commendo spiritum meum.

Je révoque tous testaments antérieurs non-conformes à celui-ci, je déclare que ceux qui lui sont conformes ne sont que plusieurs exemplaires d'un seul et même testament.

Fait, daté, signé en mon domicile à Paris, rue Paillet n° 28, le présent testament écrit entièrement de ma main, le deux juin mil huit cent soixante-quinze (signé) ROBEQUIN.

> Ensuite est écrit : Enregistré à Paris, neuvième bureau, le dix-neuf août mil huit cent soixante-quinze, folio 50 v°, case 4. Reçu 9 fr. 38 c. (Signé) BRISSET.
>
> Visé pour timbre à Paris, dix-neuf août 1875, folio 92 v°, n° 73 du visa. Reçu 66 fr. 10 c. (Signé) BRISSET.

J'exprime ici en dehors de mes dispositions testamentaires le désir que les époques à fixer pour le Concours puissent coïncider alternativement une année avec la présence du Préfet dans la ville d'Anglure, pour le Conseil de révision, et l'année suivante avec la présence de l'Evêque dans ladite ville d'Anglure, pour ses visites pastorales. J'émets ce désir dans la pensée que si les deux autorités suprêmes du département daignaient présider quelquefois le Concours, cette bienveillante coopération aux travaux de la Commission, aurait une heureuse influence sur l'instruction et l'émulation des élèves admis à concourir, et serait en même temps une précieuse récompense de leurs travaux, de leurs soins et de leur zèle, pour les Membres de la Commission et aussi un grand encouragement pour les Instituteurs.

J'exprime en même temps le désir qu'il soit planté après chaque Concours, en temps propice, le plus rapproché de la distribution des prix, sur le terrain communal de leur village respectif, à l'endroit qu'il plaira au Maire de fixer, qu'il soit planté, dis-je, savoir : trois arbres par l'Elève qui remportera le premier prix, deux arbres par l'Elève qui remportera le second prix. Et enfin un simple plan de saule par les Elèves qui n'obtiendront que des Livrets de Caisse d'Epargne.

Enfin je déclare vouloir être enterré à la troisième classe à Marcilly et à côté de mon père, on ne me mettra pas de pierre tumulaire ; on gravera seulement sur la tombe de mon père, et à la suite de son épitaphe, ces mots : Et Isidore Robequin, né en 1796 à Marcilly, décédé à... On finira par ces mots :

In manus tuas domine, commendo spiritum meum. (Signé) ROBEQUIN.

Ensuite est écrit : Enregistré à Paris, neuvième bureau, le 19 août 1875, f° 50 verso. Case 6. Reçu trois francs 75 c. (Signé) BRISSET.

Codicille.

Je prie mon exécuteur testamentaire ainsi que toutes autres personnes de transmettre aussitôt mon décès le présent codicille à Me Marelle, mon notaire résidant à Saint-Just (Marne).

Je prie notamment le Magistrat auquel ce codicille sera présenté d'en ordonner le dépôt en l'étude dudit Me Marelle (Signé) ROBEQUIN.

Ensuite est écrit : Enregistré à Paris, 9e bureau, le 19 août 1875, f° 50 v°, case 7. Reçu 3 fr. 75. (Signé) BRISSET.

J'ajoute ce qui suit à mon testament :

1° Dans le cas où la donation de quatre actions du chemin de fer de l'Est reçue, Me Varlet, le 10 mai 1871, ne recevrait pas sa pleine et entière validité, avant mon décès : pour ce cas arrivant, je lègue à la commune de Saint-Just (Marne), ces mêmes quatre actions du chemin de fer de l'Est, et ce, sous les mêmes charges, clauses et conditions que celles par moi imposées par ledit acte de donation du 10 mai 1871.

JE LÈGUE en outre à ladite commune de Saint-Just les livres que j'ai laissé chez mon frère, conservateur des forêts en retraite à Marcilly-sur-Seine, ces livres étaient dans une grande cassette m'appartenant, de plus je lègue encore à ladite commune d'autres livres placés dans le grenier de mon frère. J'ai confié, après le décès de mon-dit frère, la clef de cette cassette à sa fille aînée ma nièce Zoélie Robequin, aujourd'hui religieuse au couvent de Sion à Paris, sous le nom de sœur Delphine.

Je Lègue encore à la commune de Saint-Just, mes gravures autographes, notamment la signature de Louis seize apposée à une nomination de commissaire du Roi; celle d'un ministre de l'an sept apposée à la radiation définitive de la liste des émigrés de mon aïeul paternel.

2° Si je décède avant d'avoir réalisé devant notaire la donation ci-après, que je me propose de faire à la Préfecture de la Marne et à défaut de la Préfecture, à la Société savante d'agriculture dudit département de la Marne, ladite donation en faveur d'un certain nombre de garçons de charrue ou valets de ferme, je lègue, pour le cas ci-dessus prévu par le présent codicille, à ladite Préfecture de la Marne, et à son défaut à ladite Société savante d'agriculture du département de la Marne, mon titre de mille francs de rente cinq pour cent sur l'Etat du 19 septembre 1874 n° 50122, Journal 12818, pour ladite rente de mille francs être employée à former à perpétuité un concours quinquennal entre les jeunes garçons de charrue ou valets de ferme (réunissant les conditions ci-après exigées) de la ville d'Anglure et des villages ci-après, savoir de Sompuits, patrie de l'illustre Royer-Collard, de Potangis, Bagneux, Saint-Just, Sauvage, Baudement, Saron, Marcilly, Conflans, Lurey, Esclavolles, Villiers-aux-Corneilles, Montépreux (Marne), de Périgny, Lavilleneuve-au-Châtelot, enfin de Villette près Arcis (Aube).

Le Concours aura lieu tous les cinq ans, à perpétuité, dans une commune fixée par le préfet de la Marne, il comprendra au moyen de la rente de mille francs cumulée pendant chaque période quinquennale neuf prix, savoir : un Prix de 1,400 f., un 2e Prix de 800 f., un 3e Prix de 700 f., un 4e Prix de 600 f., un 5e Prix de 500 f., un 6e Prix de 400 f., un 7e Prix de 300 f., un 8e Prix de 200 f., enfin un 9e Prix de 100 fr. Total égal au revenu quinquennal 5,000 f.

Seront admis à concourir les garçons de charrue ou valets de ferme, pauvres, nés de parents pauvres dans les communes ci-dessus désignées des départements de la Marne et de l'Aube, âgés de 18 à 25 ans, ayant été élevés dans de bons principes par leurs parents, d'une bonne conduite, sachant lire, écrire et compter jusqu'à la deuxième règle au moins (la soustraction) ayant reçu quelques principes d'hygiène, notamment pour éviter autant que possible des refroidissements.

Le Programme du concours sera donné par la Préfecture de la Marne.

Les Juges du Concours seront le Juge de Paix du canton d'Anglure, Président du Concours ; et quatre habiles cultivateurs choisis par les Préfets de leur département (de la Marne et de l'Aube) en dehors du canton d'Anglure et des communes admises à concourir, ci-dessus désignées, en l'absence du Juge de paix, les membres présents éliront leur Président, à la majorité des voix et au scrutin secret. Pour toute délibération, trois membres au moins devront être présents ; au cas de membre en nombre pair, s'il y a partage, la voix du président sera prépondérante.

Les jeunes garçons de ferme, réunissant les conditions requises, qui désireront concourir, devront se faire inscrire avant le premier janvier de la période quinquennale à la fin de laquelle les prix devront être décernés, et s'ils ne se sont fait inscrire que dans le courant de la période quinquennale commencée, ils n'auront droit qu'à la moitié des Prix qu'ils auront gagnés, et l'autre moitié desdits Prix augmentera d'autant le capital de la présente fondation.

Les jeunes garçons de ferme seront avertis quand ils se feront inscrire, qu'ils se soumettent par le seul fait de l'inscription, à la surveillance et aux admonestations des Juges du Concours et aux déchéances que lesdits Juges prononceraient au cas de mauvaise conduite de leur part.

Les diverses récompenses énoncées dans les dispositions ci-dessus du Concours, seront ajournées jusqu'à ce que, au moyen du cumul, pendant tout le temps nécessaire, des arrérages, revenus et intérêts des objets présentement légués, les droits de mutation et d'enregistrement, ainsi que les frais et honoraires du notaire instrumentaire pour les Procurations du Préfet de la Marne à l'effet de faire accepter par un mandataire le présent legs, concernant les prix dont s'agit en faveur des garçons de ferme, en l'Etude du notaire résidant à Saint-Just (Marne). Les diverses récompenses, les concours seront suspendus et ajournés, dis-je, jusqu'à ce que les dits frais et honoraires soient entièrement remboursés à la personne qui en aura fait les avances avec l'intérêt légal à partir desdites avances jusqu'au remboursement complet.

Pour obvier autant que possible à la dépréciation incessante de la valeur de l'argent monnayé, la moitié des sommes formant le montant des intérêts annuels dont se composent les deux fondations ci-dessus et au prorata de chacune d'elles, la moitié desdites sommes sera prélevée tous les dix ans pour être placée en rentes sur l'Etat, de manière à maintenir, autant que possible, dans tous les temps, aux objets légués et à leurs revenus une valeur qui soit toujours en rapport avec la valeur que lesdits objets présentement légués avaient au moment où les libéralités ont eu lieu.

Afin que les parties intéressées aux legs qui précèdent puissent toujours se procurer les titres qui établissent leurs droits sans déplacement et sans frais de voyage, le donateur demande instamment que les actes qui établissent les droits des dites parties intéressées qui sont sur les lieux se fassent en l'étude du notaire résidant à Saint-Just (Marne).

Fait, daté et signé le présent Codicille, écrit entièrement de ma main, à Paris, en mon domicile, le treize Juin mil huit cent soixante-quinze (Signé) ROBEQUIN.

En marge est écrit: Enregistré à Paris, 9e bureau, le dix-neuf août mil huit cent soixante-quinze, f° 50 v°, case 5. Reçu neuf francs 38 c. (Signé) BRISSET.

Il est ainsi en l'original du testament olographe de M. Edme-Isidore Robequin, en son vivant ancien magistrat, demeurant à Paris, rue Paillet, n° 28, où il est décédé le

15 août 1875, ledit testament déposé au rang des minutes de l'étude de Me Paul Lemaître, notaire à Paris, au désir d'une ordonnance rendue par un Juge au tribunal civil de la Seine faisant fonction de président, le 17 août 1875, contenant procès-verbal d'ouverture et de description de ce testament.

Arcis-sur-Aube. — Léon Frémont, Imprimeur brévetė.

www.ingramcontent.com/pod-product-compliance
Ingram Content Group UK Ltd.
Pitfield, Milton Keynes, MK11 3LW, UK
UKHW020348250726
13967UKWH00005B/2181